Impressum
Verlag: BABADADA GmbH, Nedderfeld 112 , 22529 Hamburg
Geschäftsführer / Verlagsleitung: Harald Hof
Druck: Books on Demand GmbH, In de Tarpen 42, 22848 Norderstedt

Imprint
Publisher: BABADADA GmbH, Nedderfeld 112 , 22529 Hamburg, Germany
Managing Director / Publishing direction: Harald Hof
Print: Books on Demand GmbH, In de Tarpen 42, 22848 Norderstedt, Germany

学校

sekolah

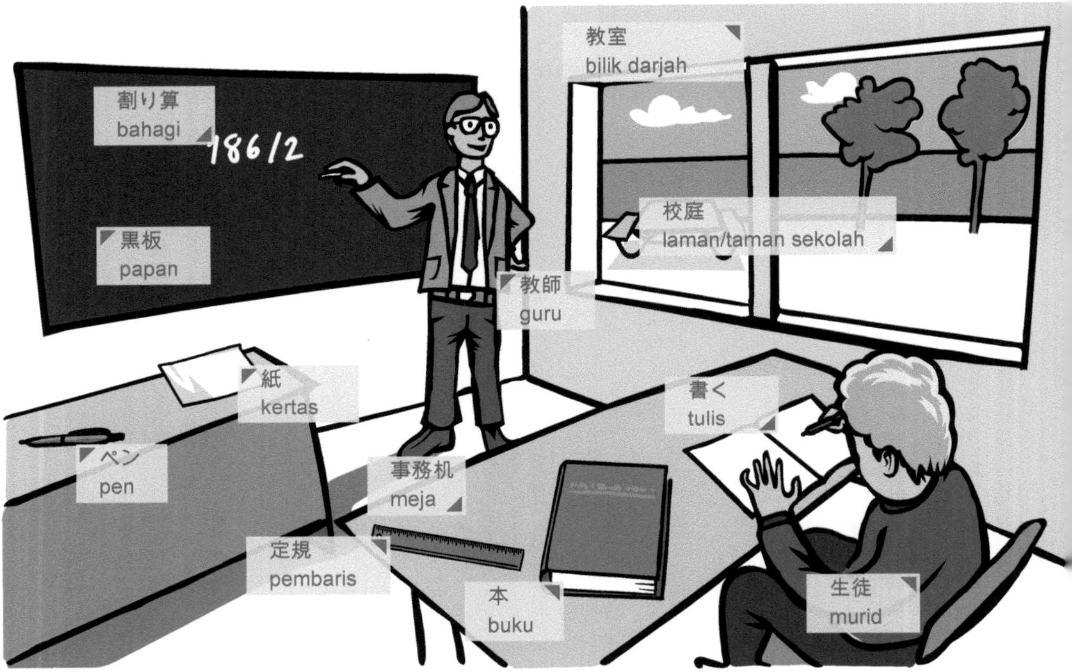

割り算
bahagi
186/2
黒板
papan
教室
bilik darjah
校庭
laman/taman sekolah
教師
guru
紙
kertas
書く
tulis
ペン
pen
事務机
meja
定規
pembaris
本
buku
生徒
murid

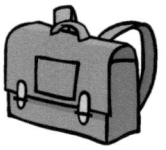

ランドセル
beg galas

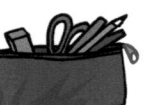

筆入れ
kotak pensel

鉛筆
pensel

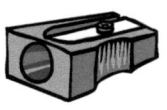

鉛筆削り
pengasah pensel

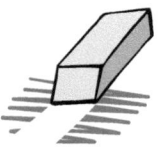

消しゴム
pemadam

スケッチブック
kertas lukisan

スケッチ
melukis

絵筆
berus lukis

絵の具箱
kotak warna

はさみ
gunting

接着剤
gam

練習帳
buku latihan

宿題
kerja rumah

数
nombor

足し算
tambah

引き算
tolak

かけ算
darab

計算する
kira

文字
huruf

アルファベット
abjad

単語
kata

テキスト

teks

読む

baca

チョーク

kapur

授業

pelajaran

学級日誌

daftar

試験

peperiksaan

通知表

sijil

制服

uniform sekolah

教育

pendidikan

百科事典

ensiklopedia

大学

universiti

顕微鏡

mikroskop

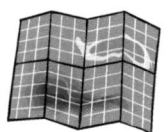

地図

peta

ごみ箱

bakul sampah

旅行
berjalan

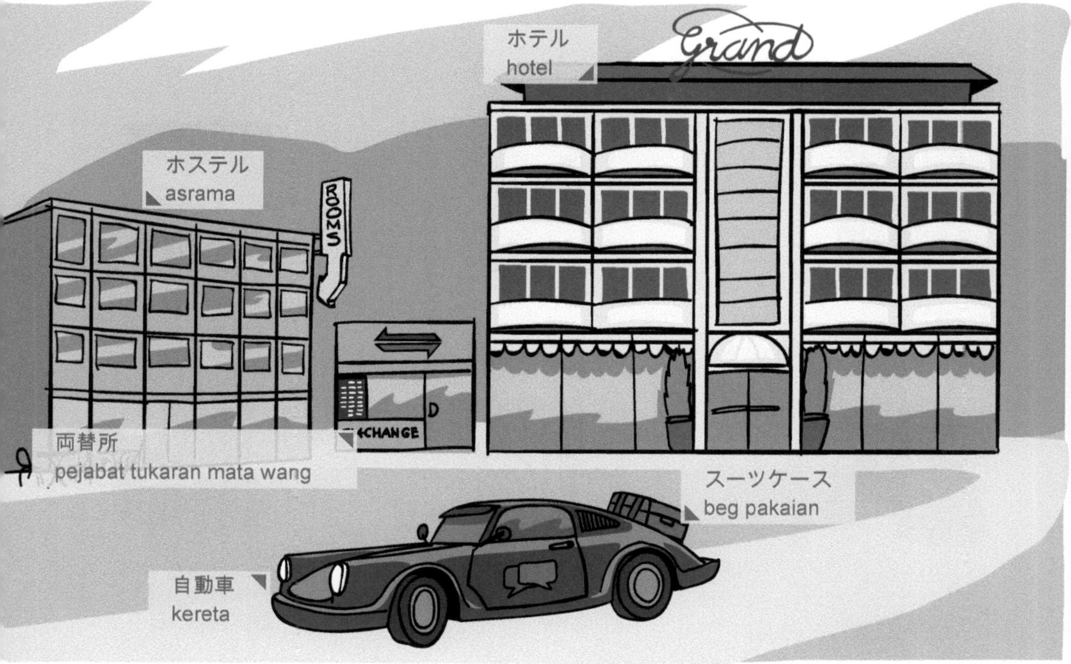
ホテル
hotel
Grand
ホステル
asrama
ROOMS
両替所
pejabat tukaran mata wang
EXCHANGE
スーツケース
beg pakaian
自動車
kereta

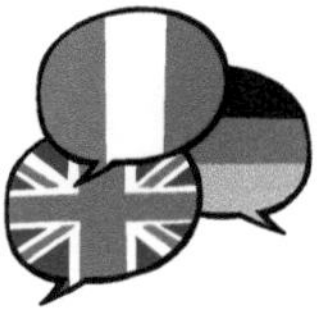

言語

bahasa

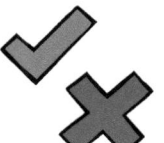

はい / いいえ

ya / tidak

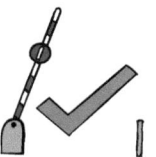

問題ない

okey

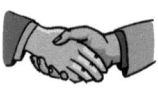

ハロー

helo

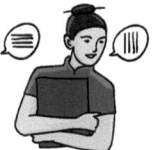

翻訳者

penterjemah

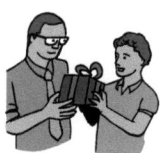

ありがとう

Terima kasih

…はいくらですか？

berapa banyak…?

わかりません

saya tidak faham

問題

masalah

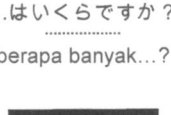

こんばんは！

Selamat petang!

おはようございます！

Selamat Pagi!

おやすみなさい！

Selamat Malam!

さようなら

selamat tinggal

方向

arah

手荷物

bagasi

バッグ

beg

リュックサック

beg galas

お客様

tetamu

部屋

bilik tidur

寝袋

beg tidur

テント

khemah

旅行者情報

maklumat pelancong

ビーチ

pantai

クレジットカード

kad kredit

朝食

sarapan

昼食

makan tengah hari

夕食

makan malam

チケット

tiket

エレベーター

lif

スタンプ

setem

境界

sempadan

税関

kastam

大使館

kedutaan

ビザ

visa

パスポート

pasport

輸送

pengangkutan

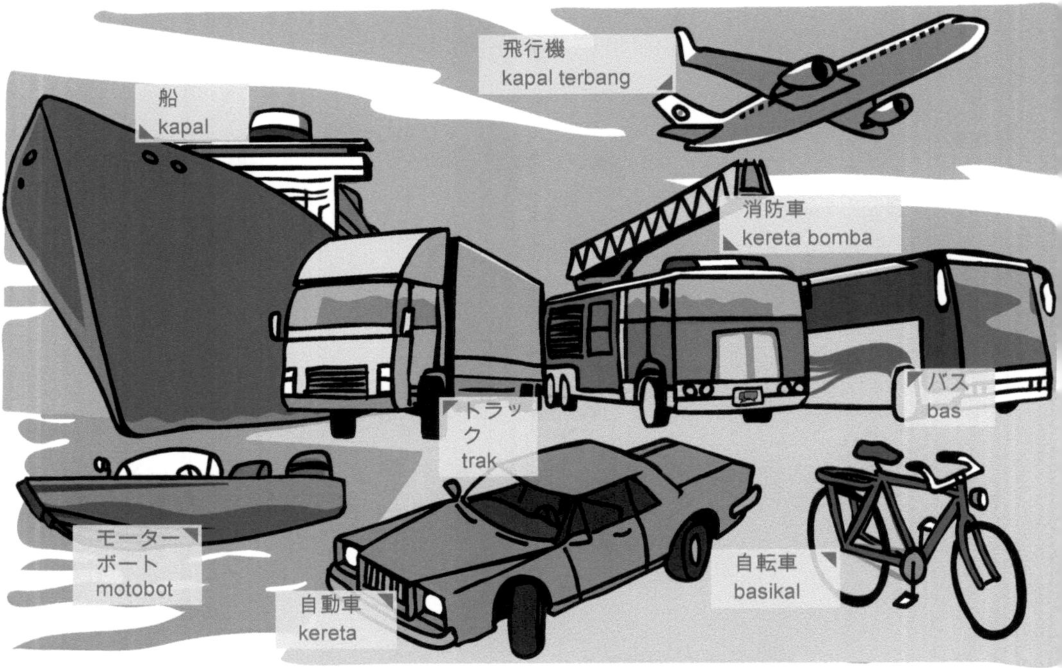

船
kapal
飛行機
kapal terbang
消防車
kereta bomba
トラック
trak
バス
bas
モーターボート
motobot
自動車
kereta
自転車
basikal

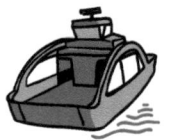

フェリー

feri

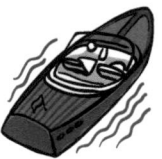

ボート

bot

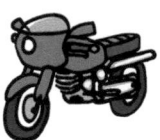

バイク

motosikal

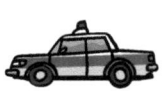

パトカー

kereta polis

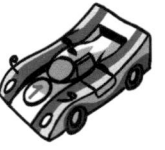

レーシングカー

kereta lumba

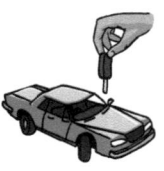

レンタカー

kereta sewa

カーシェアリング

berkongsi kereta

レッカー車

trak tunda

ごみ収集車

trak menolak

モーター

motor

燃料

bahan api

ガソリンスタンド

stesen minyak

交通標識

tanda trafik

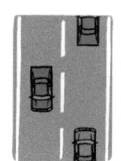

交通

trafik

渋滞

kesesakan lalu lintas

駐車場

tempat parkir

駅

stesen kereta api

道

trek

列車

kereta api

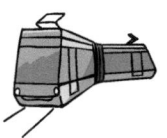

路面電車

trem

車両

gerabak

ヘリコプター

helikopter

空港

lapangan terbang

タワー

Menara

乗客

penumpang

コンテナ

bekas

段ボール箱

kadbod

カート

kart

カゴ

bakul

離陸 / 着陸

berlepas / mendarat

都市
bandar

村

kampung

都心

pusat bandar

家

rumah

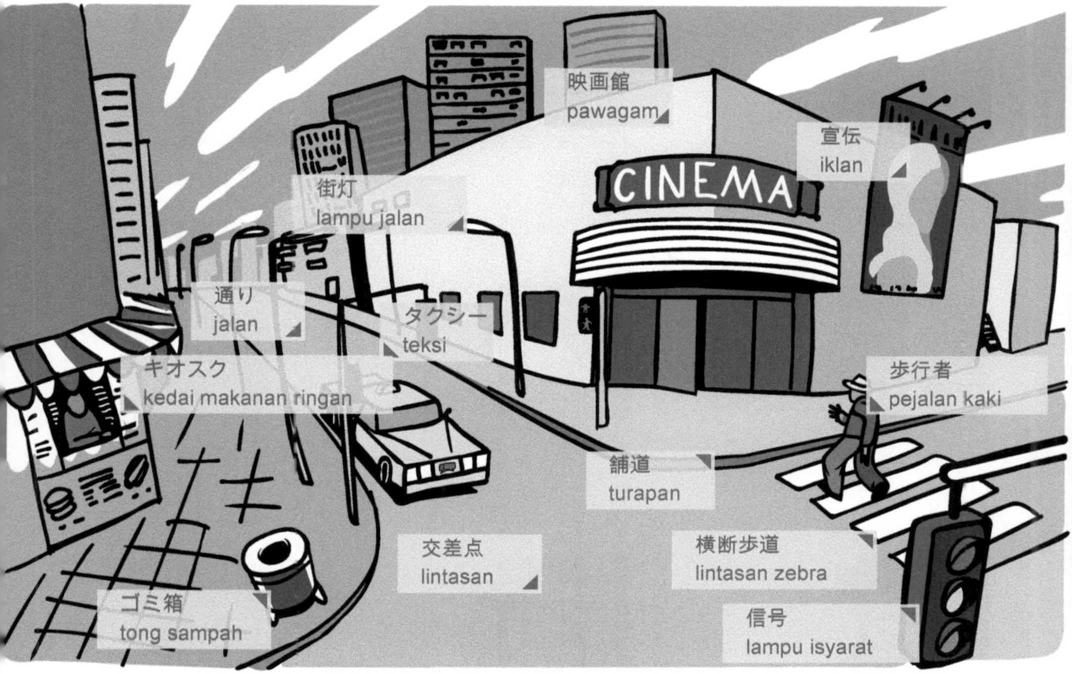

映画館
pawagam
宣伝
iklan
CINEMA
街灯
lampu jalan
通り
jalan
タクシー
teksi
キオスク
kedai makanan ringan
歩行者
pejalan kaki
舗道
turapan
交差点
lintasan
横断歩道
lintasan zebra
ゴミ箱
tong sampah
信号
lampu isyarat

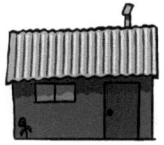

小屋

pondok

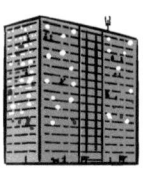

アパート

flat

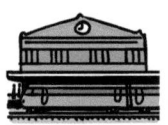

駅

stesen kereta api

市役所

dewan bandar

MUSEUM

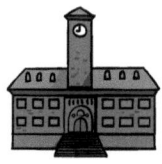

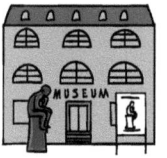

美術館

muzium

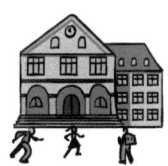

学校

sekolah

大学

universiti

銀行

bank

病院

hospital

ホテル

hotel

薬局

farmasi

オフィス

pejabat

書店

kedai buku

ショップ

kedai

花屋

kedai bunga

スーパーマーケット

pasar raya

市場

pasaran

デパート

gedung

魚屋

penjual ikan

ショッピングセンター

pusat membeli-belah

港

pelabuhan

公園
taman

ベンチ
bangku

橋
jambatan

階段
tangga

地下鉄
bawah tanah

トンネル
terowong

バス停
hentian bas

バー
bar

レストラン
restoran

ポスト
peti surat

道路標識
papan tanda jalan

パーキングメーター
meter parkir

動物園
zoo

スイミングプール
kolam renang

モスク
masjid

農場
ladang

汚染
pencemaran

墓地
tanah perkuburan

教会
gereja

遊び場
taman permainan

寺
kuil

風景
landskap

葉
daun

道標
tiang tanda

道
jalan

草地
padang rumput

石
batu

木
pokok

ハイカー
pejalan kaki

川
sungai

草
rumput

花
bunga

谷
lembah

山
bukit

湖
tasik

森
hutan

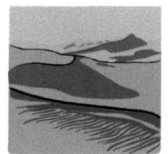

砂漠
padang pasir

火山
gunung berapi

城
istana

虹
pelangi

キノコ
cendawan

ヤシの木
pokok kelapa sawit

蚊
nyamuk

ハエ
terbang

蟻
semut

ミツバチ
lebah

クモ
labah-labah

カブトムシ

kumbang

蛙

katak

リス

tupai

ハリネズミ

landak

ウサギ

arnab

フクロウ

burung hantu

鳥

burung

白鳥

angsa

雄豚

babi jantan

鹿

rusa

ヘラジカ

moose

ダム

empangan

風力タービン

turbin angin

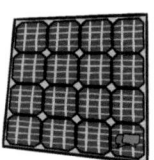

ソーラーパネル

panel solar

気候

iklim

レストラン
restoran

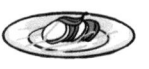

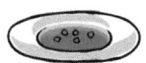

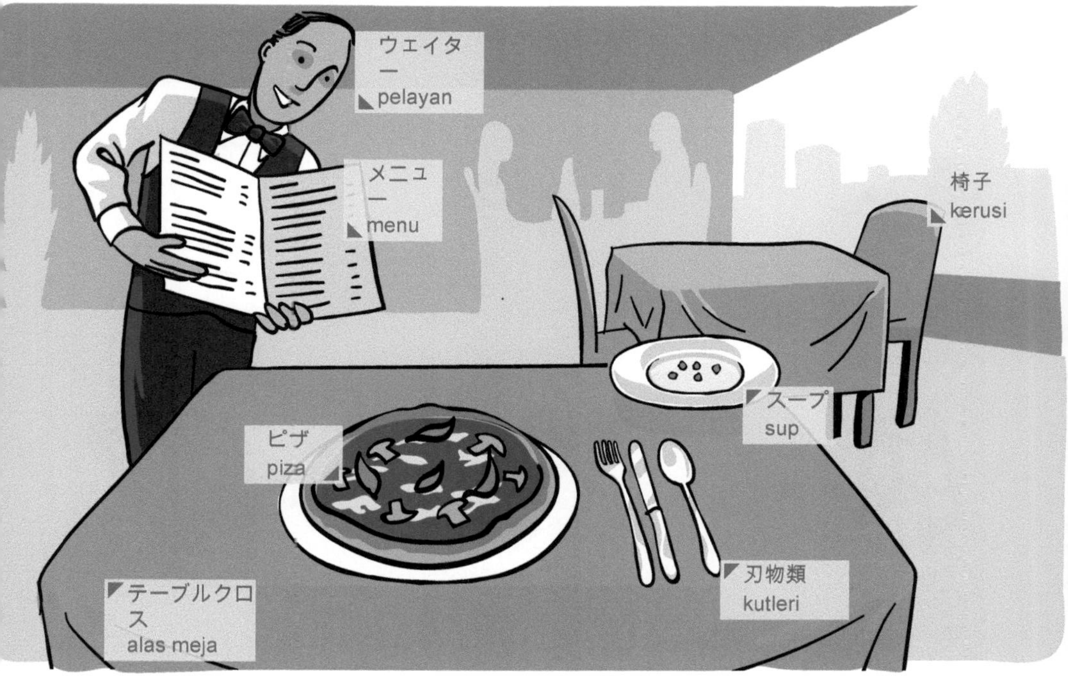
ウェイター
pelayan
メニュー
menu
椅子
kerusi
スープ
sup
ピザ
piza
刃物類
kutleri
テーブルクロス
alas meja

前菜

pemula

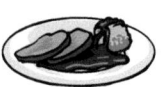

メインコース

hidangan utama

デザート

pencuci mulut

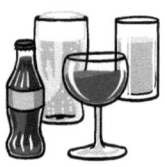

飲み物

minuman

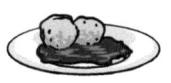

食べ物

makanan

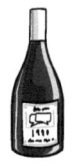

ボトル

botol

ファストフード

makanan segera

屋台の食べ物

makanan jalanan

ティーポット

teko

砂糖入れ

mangkuk gula

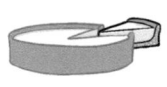

一人前

bahagian

エスプレッソマシン

mesin espreso

幼児用食事椅子

kerusi tinggi

請求書

bil

トレー

dulang

ナイフ

pisau

フォーク

garfu

スプーン

sudu

ティースプーン

sudu teh

ナプキン

serviette

グラス

gelas

皿
pinggan

スープ皿
mangkuk sup

受け皿
piring

ソース
sos

塩入れ
tempat garam

ペッパーミル
pengisar lada

酢
cuka

油
minyak

スパイス
rempah

ケチャップ
sos

マスタード
mustard

マヨネーズ
mayones

スーパーマーケット

pasar raya

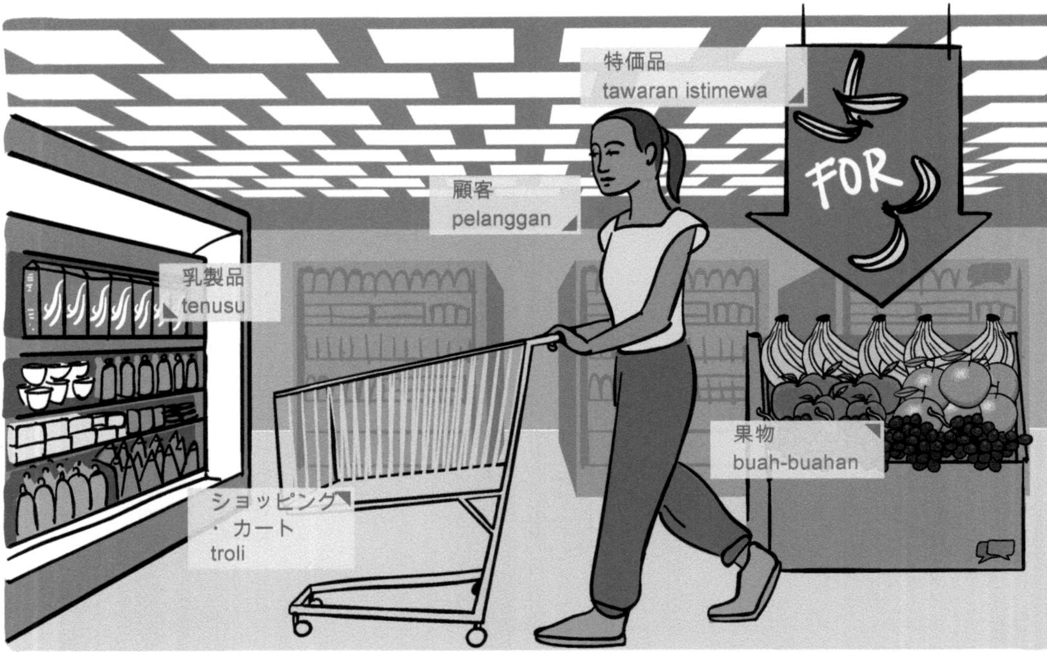

特価品
tawaran istimewa
FOR
顧客
pelanggan
乳製品
tenusu
果物
buah-buahan
ショッピング
・カート
troli

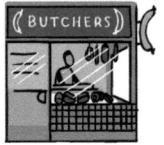

BUTCHERS

肉屋

tukang daging

BAKERY

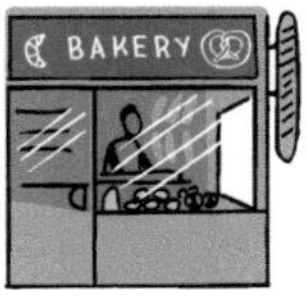

パン屋

kedai roti

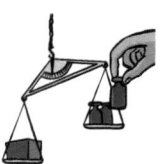

重さをはかる

berat

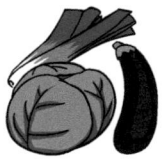

野菜

sayur-sayuran

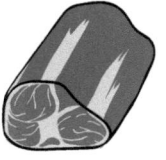

肉

daging

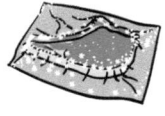

冷凍食品

makanan sejuk beku

冷肉の薄切り

daging sejuk

缶詰食品

makanan dalam tin

洗剤

serbuk pencuci

菓子

gula-gula

家庭用品

produk isi rumah

清掃用品

produk pembersihan

販売員

orang jualan

現金箱

daftar tunai

レジ係

juruwang

買い物リスト

senarai membeli-belah

開館時刻

waktu pembukaan

財布

beg duit

クレジットカード

kad kredit

バッグ

beg

ポリ袋

beg plastik

スーパーマーケット - pasar raya

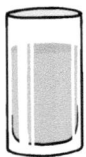

水
....
air

ジュース
....
jus

牛乳
....
susu

コーラ
....
kola

ワイン
....
wain

ビール
....
bir

アルコール
....
alkohol

ココア
....
koko

紅茶
....
the

コーヒー
....
kopi

エスプレッソ
....
espreso

カプチーノ
....
kapucino

バナナ

pisang

リンゴ

epal

オレンジ

oren

メロン

tembikai

レモン

lemon

ニンジン

lobak merah

ニンニク

bawang putih

竹

buluh

玉ねぎ

bawang

キノコ

cendawan

ナッツ

kacang

ヌードル

mi

スパゲッティ

spageti

米

nasi

サラダ

salad

フライドポテト

kerepek

フライドポテト

kentang goreng

ピザ

piza

ハンバーガー

hamburger

サンドウィッチ

sandwic

カツレツ

kutlet

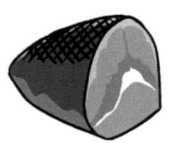

ハム

ham

サラミ

salami

ソーセージ

sosej

鶏肉

ayam

焼き

panggang

魚

ikan

麦のお粥

bubur oat

ムーズリ

muesli

コーンフレーク

emping jagung

小麦粉

tepung

クロワッサン

kroisan

ロールパン

roti roll

パン

roti

トースト

roti bakar

ビスケット

biskut

バター

mentega

カッテージチーズ

dadih

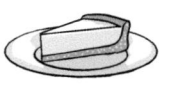

ケーキ

kek

卵

telur

目玉焼き

telur goreng

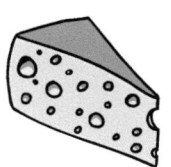

チーズ

keju

アイスクリーム

ais krim

砂糖

gula

はちみつ

madu

ジャム

jem

ヌガークリーム

krim nougat

カレー

kari

農家
rumah ladang

ストローベール
bandela jerami

納屋
bangsal

畑
bidang

馬
kuda

トレーラー
treler

子馬
anak kuda

トラクター
traktor

ロバ
keldai

子羊
kambing

羊
biri-biri

ヤギ
kambing

雌牛
lembu

子牛
anak lembu

豚
babi

子豚
anak babi

雄牛
lembu

ガチョウ

angsa

アヒル

itik

ひよこ

anak ayam

にわとり

ayam betina

おんどり

ayam jantan muda

ネズミ

tikus

猫

kucing

ねずみ

tikus

雄牛

lembu jantan

犬

anjing

犬小屋

rumah anjing

散水ホース

hos taman

じょうろ

bekas siraman

大鎌

sabit

すき

bajak

草刈り鎌
sabit

くわ
cangkul

堆肥用フォーク
serampang peladang

斧
kapak

手押し車
kereta sorong

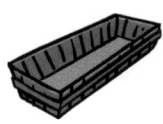

かいばおけ
palung

牛乳缶
tin susu

袋
karung

フェンス
pagar

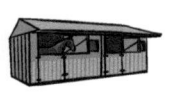

畜舎
stabil

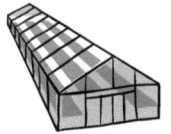

温室
rumah hijau

土壌
tanah

種
benih

肥料
baja

コンバイン
jentuai

収穫する

tuai

収穫

menuai

ヤマイモ

keladi

小麦

gandum

大豆

soya

じゃがいも

kentang

トウモロコシ

jagung

菜種

biji sawi

果樹

pokok buah-buahan

キャッサバ

ubi kayu

穀物

bijirin

rumah

煙突
cerobong

屋根
atap

排水管
penurun

窓
tetingkap

車庫
garaj

呼び鈴
loceng pintu

ドア
pintu

ゴミ箱
tong sampah

郵便受け
peti surat

庭
taman

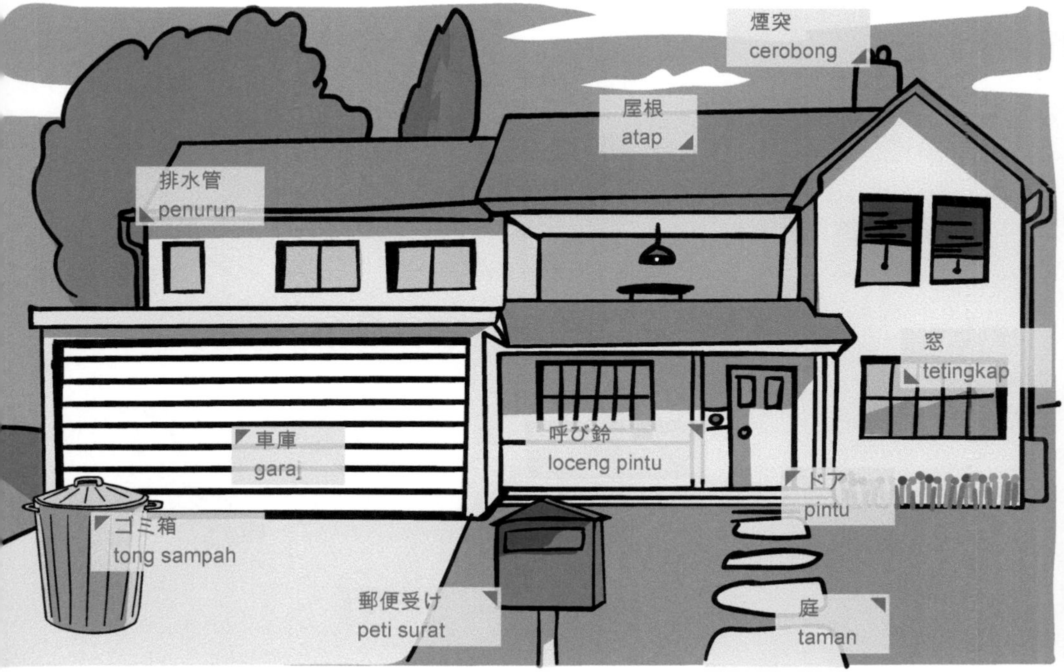

リビングルーム
ruang tamu

浴室
bilik air

台所
dapur

寝室
bilik tidur

子供部屋
bilik kanak-kanak

ダイニング・ルーム
ruang makan

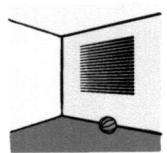

床
lantai

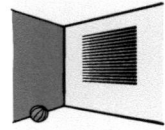

壁
dinding

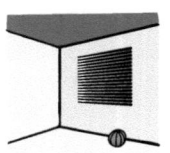

天井
siling

地下貯蔵庫
bilik bawah tanah

サウナ
sauna

バルコニー
balkoni

テラス
teres

プール
kolam renang

芝刈り機
pemotong rumput

シーツ
lembaran

ベッドカバー
penutup tilam

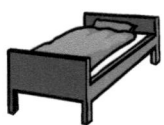

ベッド
katil

ほうき
penyapu

バケツ
timba

スイッチ
suis

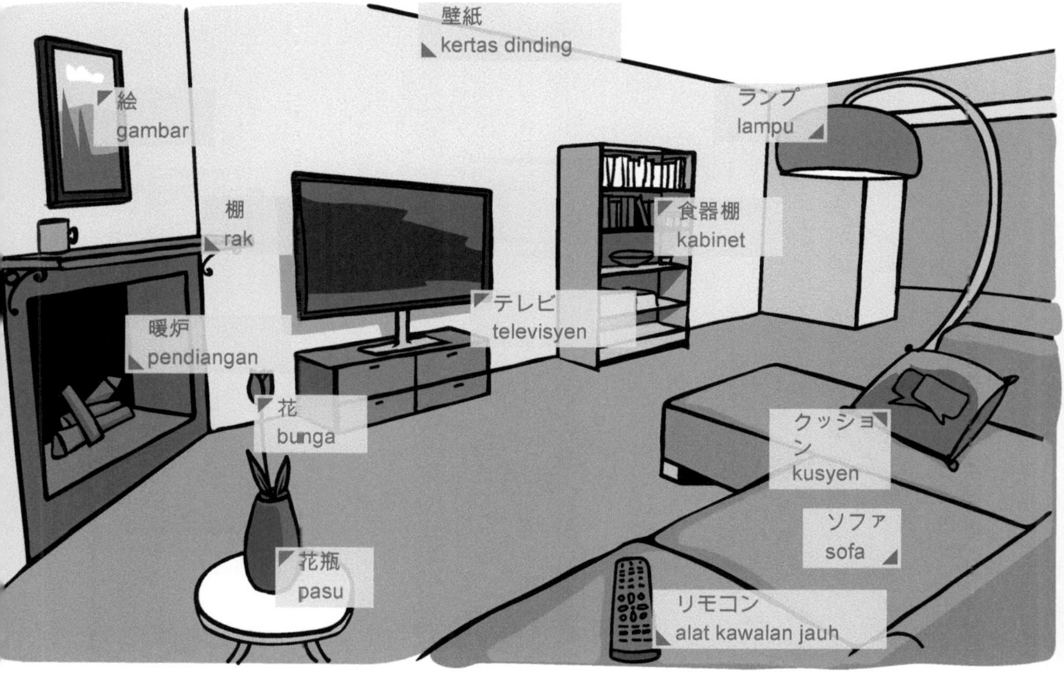

壁紙
kertas dinding

絵
gambar

ランプ
lampu

棚
rak

食器棚
kabinet

テレビ
televisyen

暖炉
pendiangan

花
bunga

クッション
kusyen

ソファ
sofa

花瓶
pasu

リモコン
alat kawalan jauh

カーペット
permaidani

カーテン
tirai

テーブル
meja

椅子
kerusi

ロッキングチェア
kerusi malas

ひじ掛け椅子
kerusi

本
buku

毛布
selimut

飾り
hiasan

たきぎ
kayu api

映画
filem

ステレオ
hi-fi

鍵
kunci

新聞
akhbar

絵画
lukisan

ポスター
poster

ラジオ
radio

メモ帳
buku catatan

掃除機
penyedut habuk

サボテン
kaktus

ろうそく
lilin

台所
dapur

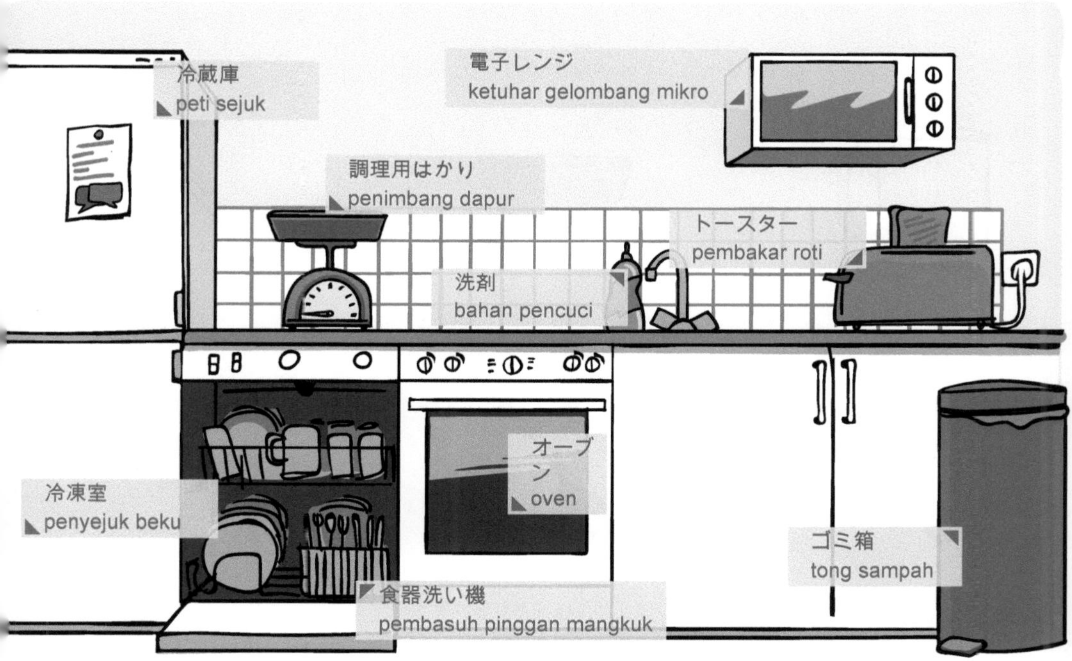
冷蔵庫
peti sejuk
電子レンジ
ketuhar gelombang mikro
調理用はかり
penimbang dapur
トースター
pembakar roti
洗剤
bahan pencuci
オーブン
oven
冷凍室
penyejuk beku
ゴミ箱
tong sampah
食器洗い機
pembasuh pinggan mangkuk

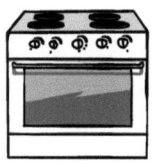

こんろ

periuk dapur

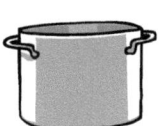

鍋

periuk

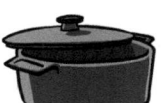

鉄鍋

periuk besi

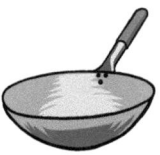

中華鍋/ カダイ鍋

kuali

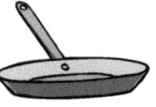

フライパン

pan

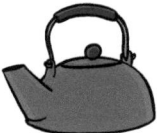

やかん

cerek

蒸し器

pengukus

天板

dulang pembakar

食器

pinggan mangkuk

マグカップ

koleh

ボウル

mangkuk

箸

penyepit

おたま

senduk

へら

spatula

泡立て器

pengadun

こし器

penapis

ふるい

ayak

すりおろし器

pemarut

すり鉢

mortar

バーベキュー

barbeku

かまど

pembakaran terbuka

まな板

papan pencincang

麺棒

pin golekan

栓抜き

skru gabus

缶

tin

缶切り

pembuka tin

鍋つかみ

pemegang periuk

流し

sinki

ブラシ

berus

スポンジ

span

ミキサー

pengisar

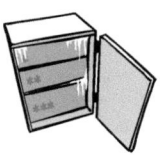

冷凍庫

penyejuk beku

哺乳瓶

botol bayi

蛇口

paip

浴室

bilik air

ヒーター
pemanasan
シャワー
mandi
タオル
tuala
シャワーカーテン
tirai mandi
泡風呂
mandi buih
浴槽
tab mandi
グラス
gelas
洗濯機
mesin basuh
蛇口
paip
タイル
jubin
おまる
tandas
流し
sinki

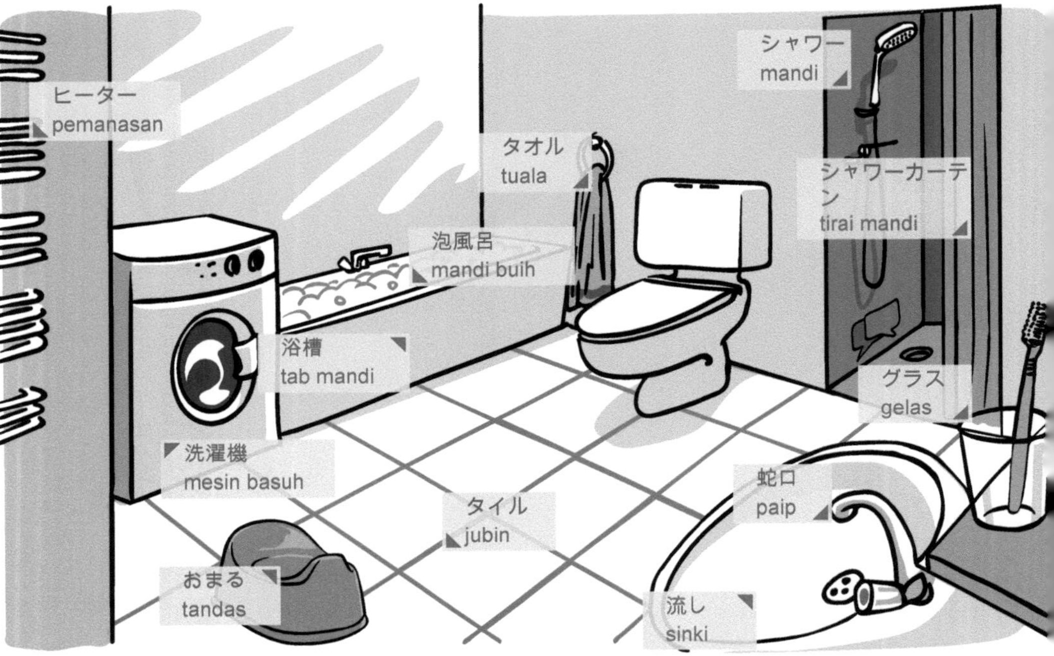

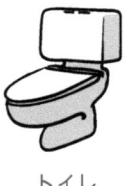

トイレ

tandas

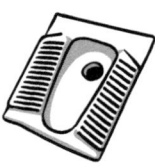

和式トイレ

tandas mencangkung

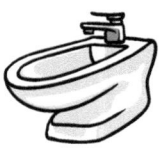

ビデ

mangkuk tandas

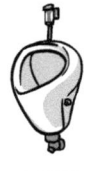

小便器

tandas awam

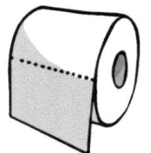

トイレットペーパー

kertas tandas

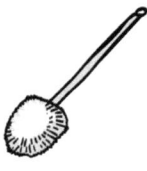

トイレブラシ

berus tandas

歯ブラシ

berus gigi

歯みがき

ubat gigi

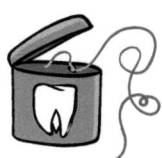

デンタルフロス

flos gigi

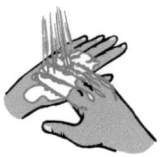

洗う

cuci

シャワーヘッド

mandian tangan

ハンドビデ

pancuran

洗面台

besen

ボディブラシ

belakang berus

石鹸

sabun

シャワー用ジェル

gel mandian

シャンプー

syampu

浴用タオル

flanel

排水口

longkang

クリーム

krim

消臭

deodoran

鏡

cermin

手鏡

cermin tangan

かみそり

pisau cukur

シェービング・フォーム

busa cukur

アフターシェーブローショ
ン

selepas cukur

櫛

sikat

ブラシ

berus

ドライヤー

pengering rambut

ヘアスプレー

semburan rambut

化粧

mekap

口紅

gincu

マニキュア

varnis kuku

脱脂綿

bulu kapas

爪切り

gunting kuku

香水

pewangi

洗面用具入れ

beg basuhan

スツール

bangku

体重計

skala berat

バスローブ

jubah mandi

ゴム手袋

sarung tangan getah

タンポン

kapas

生理用ナプキン

tuala wanita

ケミカルトイレ

tandas kimia

子供部屋

bilik kanak-kanak

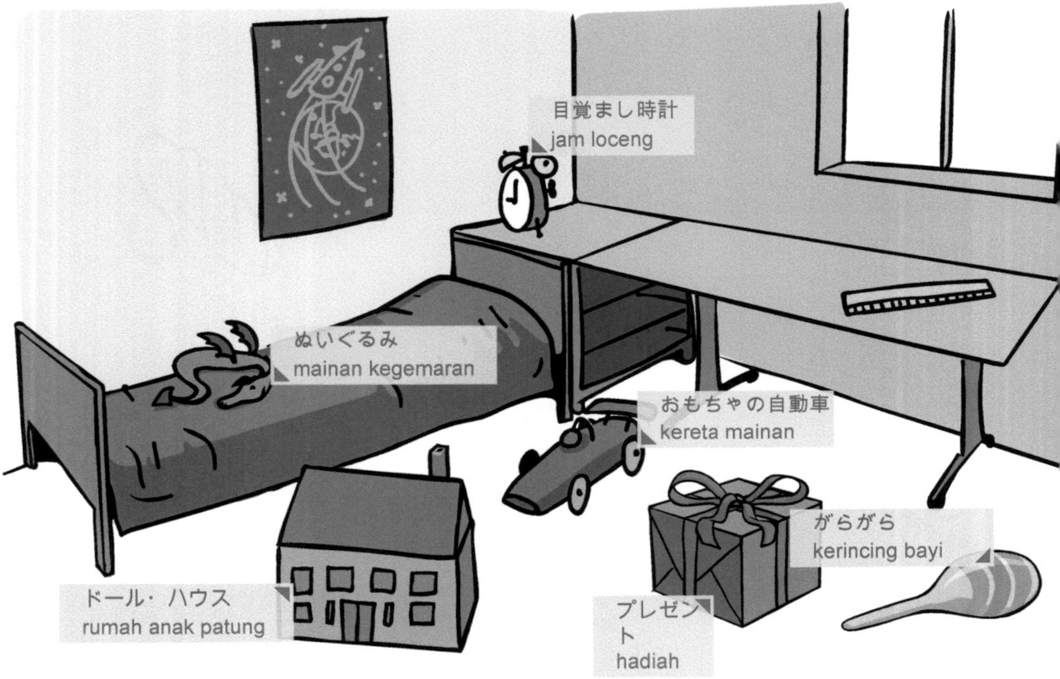
目覚まし時計
jam loceng
ぬいぐるみ
mainan kegemaran
おもちゃの自動車
kereta mainan
がらがら
kerincing bayi
ドール・ハウス
rumah anak patung
プレゼント
hadiah

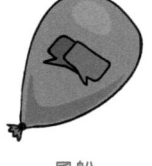

風船

belon

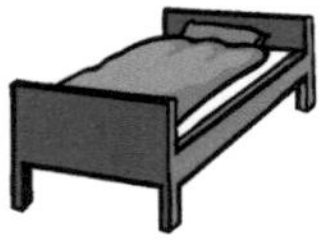

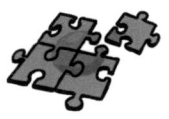

ベッド

katil

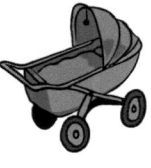

ベビーカー

kereta sorong bayi

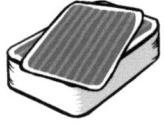

カードゲーム

set kad

ジグソーパズル

susun suai gambar

SUPER
MEGA

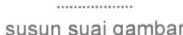

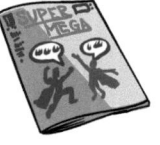

漫画

komik

レゴ

batu bata lego

玩具ブロック

blok mainan

アクションフィギュア

figura aksi

ロンパース

baju bayi

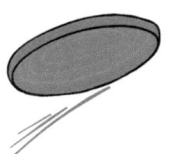

フリスビー

frisbee

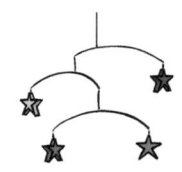

モバイル

mainan bayi mudah alih

ボードゲーム

permainan papan

さいころ

dadu

鉄道模型

set model kereta api

おしゃぶり

palsu

パーティー

parti

絵本

buku bergambar

ボール

bola

人形

anak patung

遊ぶ

main

子供部屋 - bilik kanak-kanak

砂場
lubang pasir

ブランコ
buai

おもちゃ
mainan

ゲーム機
konsol permainan video

三輪車
basikal roda tiga

テディベア
anak patung beruang

衣装ダンス
almari pakaian

衣服

pakaian

靴下
stoking

ストッキング
stoking

タイツ
ketat

スカーフ
skarf

雨傘
payung

Tシャツ
kemeja-t

g/keselamatan

スニーカー
kasut sukan

ブーツ
but

スリッパ
selipar

サンダル
sandal

靴
kasut

ゴム長靴
but getah

パンツ
seluar dalam

ブラ
coli

ベスト
ves

ボディースーツ

badan

ズボン

Seluar panjang

ジーンズ

jean

スカート

skirt

ブラウス

blaus

シャツ

kemeja

セーター

baju panas sarung

パーカー

sweater

ブレザー

blazer

ジャケット

jaket

コート

kot

レインコート

baju hujan

服装

kostum

ドレス

pakaian

ウェディングドレス

baju pengantin

スーツ

sut

ナイトガウン

baju tidur

パジャマ

baju tidur

サリー

sari

ヘッドスカーフ

skarf kepala

ターバン

serban

ブルカ

burqa

カフタン

kaftan

アバヤ

abaya/jubah

水着

baju renang

トランクス

seluar renang

½ズボン

seluar pendek

スウェットスーツ

sut balapan

エプロン

apron

手袋

sarung tangan

ボタン

butang

メガネ

cermin mata

ブレスレット

gelang tangan

ネックレス

rantai leher

指輪

cincin

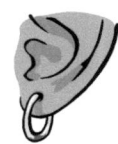

イヤリング

subang

帽子

topi

ハンガー

penyangkut kot

帽子

topi

ネクタイ

tali leher

ファスナー

zip

ヘルメット

topi keledar

サスペンダー

pendakap

制服

uniform sekolah

ユニフォーム

seragam

よだれかけ

lapik dada

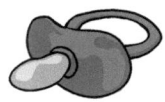

おしゃぶり

palsu

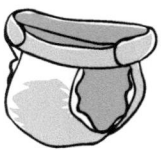

おむつ

lampin

オフィス

pejabat

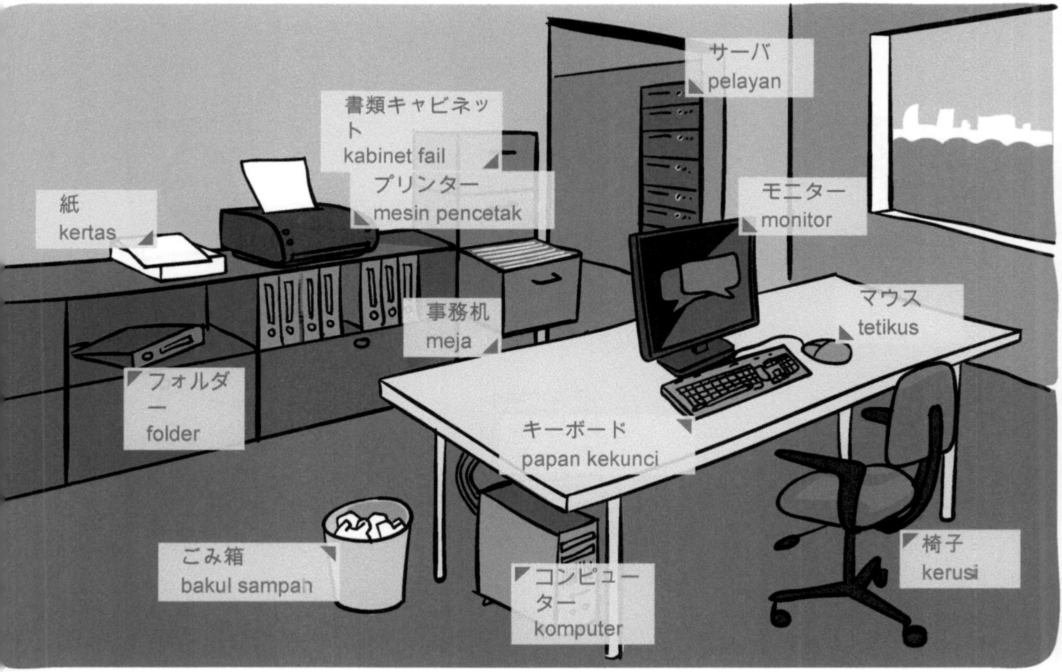

サーバ
pelayan

書類キャビネット
kabinet fail

プリンター
mesin pencetak

モニター
monitor

紙
kertas

マウス
tetikus

事務机
meja

フォルダー
folder

キーボード
papan kekunci

ごみ箱
bakul sampah

コンピューター
komputer

椅子
kerusi

コーヒーマグ

cawan kopi

計算機

kalkulator

インターネット

internet

ラップトップ

komputer riba

手紙

surat

メッセージ

mesej

携帯電話

mudah alih

ネットワーク

rangkaian

コピー機

mesin fotokopi

ソフトウェア

perisian

電話

telefon

コンセント

soket plag

ファックス

mesin faks

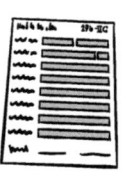

フォーム

bentuk

書類

dokumen

買う
beli

支払う
bayar

取引する
berdagang

お金
wang

ドル
dolar

ユーロ
euro

円
yen

ルーブル
rubel

スイスフラン
franc swiss

人民元
renminbi yuan

ルピー
rupee

キャッシュポイント
mata tunai

両替所

pejabat tukaran mata wang

金

emas

銀

perak

油

minyak

エネルギー

tenaga

価格

harga

契約

kontrak

税金

cukai

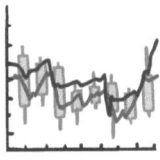

株

stok

働く

kerja

従業員

pekerja

雇用主

majikan

工場

kilang

ショップ

kedai

職業

pekerjaan

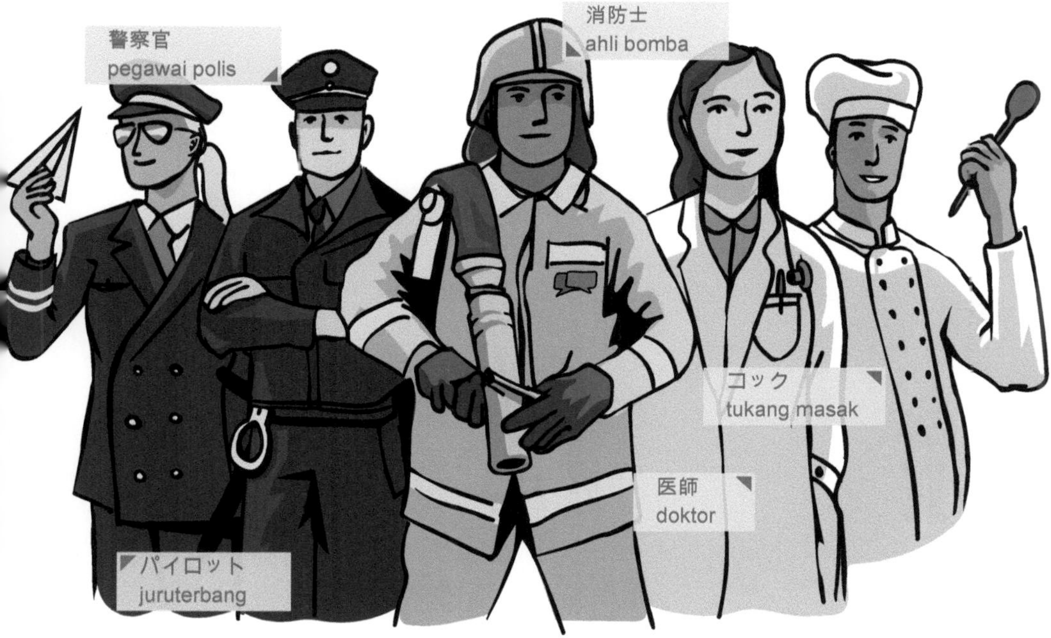

警察官
pegawai polis
消防士
ahli bomba
コック
tukang masak
医師
doktor
パイロット
juruterbang

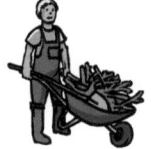

庭師

tukang kebun

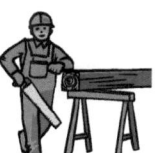

大工

tukang kayu

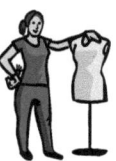

お針子

tukang jahit

裁判官

hakim

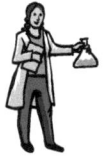

化学者

ahli kimia

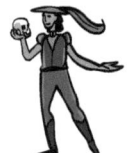

俳優

pelakon

バスの運転手

pemandu bas

タクシー運転手

pemandu teksi

漁師

nelayan

掃除婦

wanita pencuci

屋根ふき職人

kasau

ウェイター

pelayan

ハンター

pemburu

塗装工

pelukis

パン屋

bakeri

電気工

juruelektrik

建設作業員

pembangun

エンジニア

jurutera

肉屋

penjual daging

配管工

tukang paip

郵便配達人

posmen

軍人
askar

建築家
arkitek

レジ係
juruwang

花屋
kedai bunga

美容師
pendandan rambut

車掌
konduktor

機械工
mekanik

キャプテン
kapten

歯科医
doktor gigi

科学者
ahli sains

ラビ
tuhanku

イスラム導師
imam

修道士
sami

牧師
paderi

職業 - pekerjaan

道具
alat

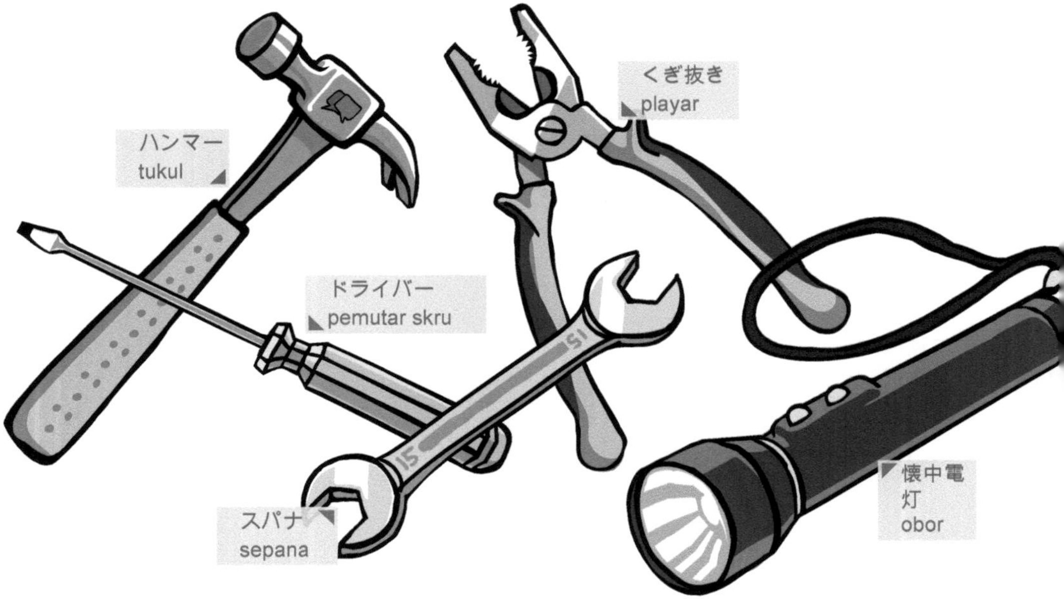

くぎ抜き
playar
ハンマー
tukul
ドライバー
pemutar skru
スパナ
sepana
懐中電
灯
obor

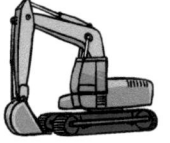

掘削機

pengorek

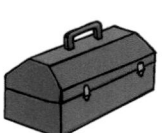

道具箱

kotak peralatan

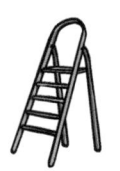

はしご

tangga

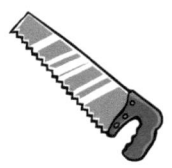

のこぎり

gergaji

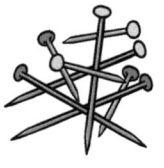

釘

kuku

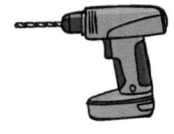

ドリル

gerudi

修理する

baiki

シャベル

penyodok

クソ！

Celaka!

ちりとり

penadah sampah

ペンキ缶

periuk cat

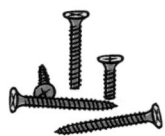

ネジ

skru

楽器

alat muzik

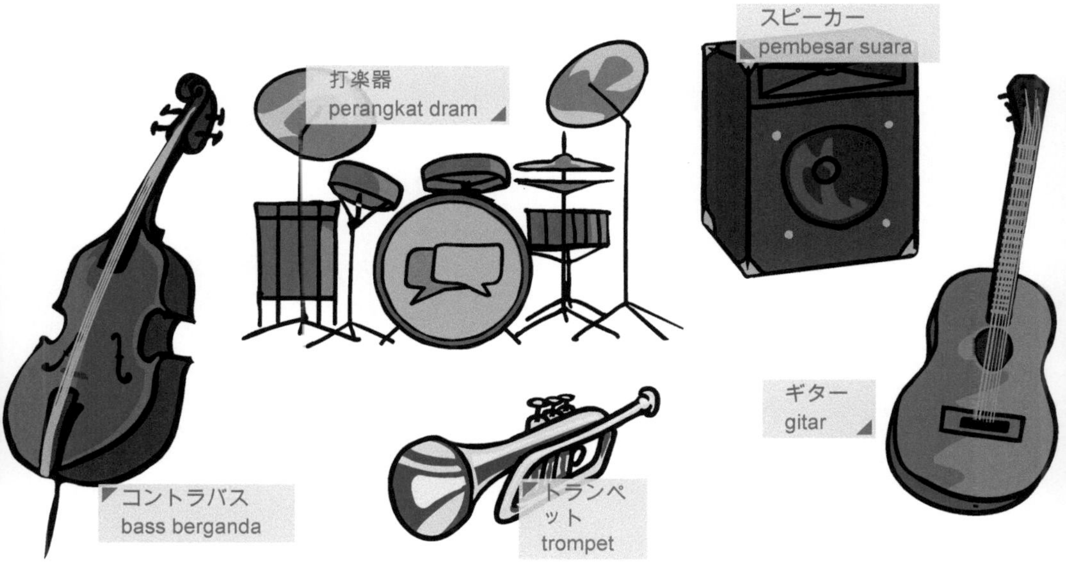

コントラバス
bass berganda

打楽器
perangkat dram

スピーカー
pembesar suara

ギター
gitar

トランペット
trompet

ピアノ

piano

バイオリン

biola

バス

bass

ティンパニ

timpani

ドラム

dram

キーボード

papan kekunci

サックス

saksofon

フルート

seruling

マイクロフォン

mikrofon

動物園

ZOO

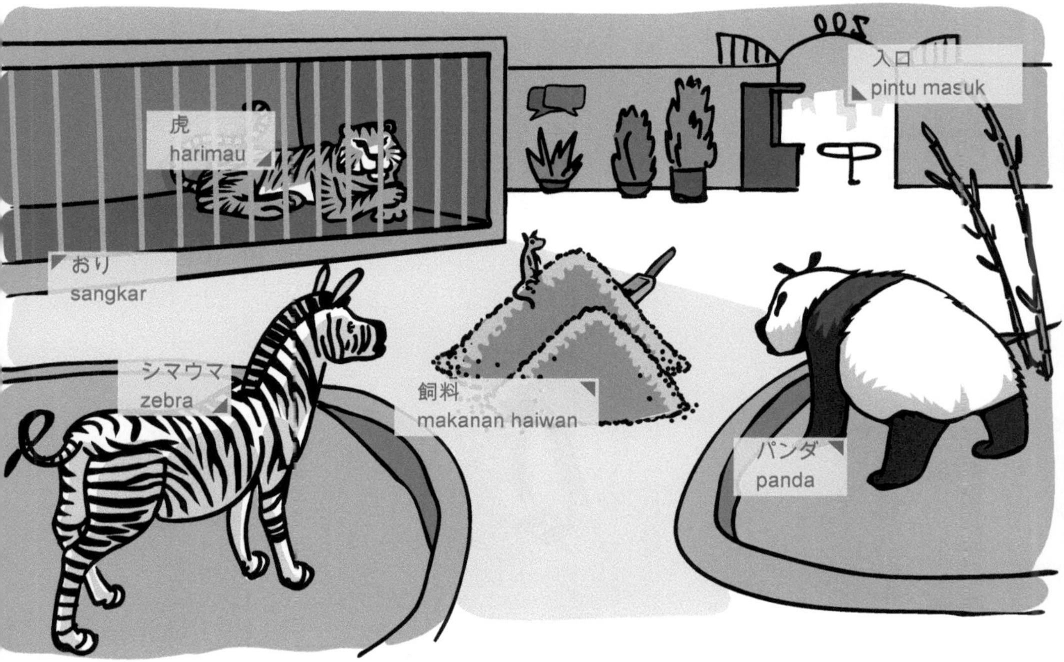
入口
pintu masuk
虎
harimau
おり
sangkar
シマウマ
zebra
飼料
makanan haiwan
パンダ
panda

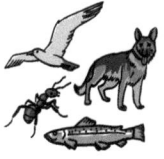

動物

haiwan

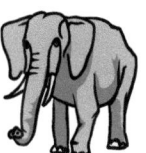

象

gajah

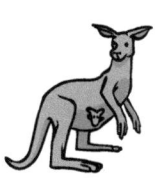

カンガルー

kanggaru

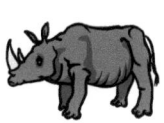

サイ

badak sumbu

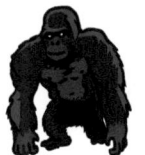

ゴリラ

gorila

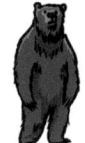

熊

beruang

ラクダ

unta

ダチョウ

burung unta

ライオン

singa

猿

monyet

フラミンゴ

flamingo

オウム

nuri

白クマ

beruang kutub

ペンギン

penguin

サメ

yu

クジャク

merak

蛇

ular

ワニ

buaya

飼育係

penjaga zoo

アザラシ

anjing laut

ジャガー

jaguar

ポニー

kuda

ヒョウ

harimau

カバ

badak air

キリン

zirafah

鷲

helang

雄豚

babi jantan

魚

ikan

亀

penyu

セイウチ

anjing laut

狐

musang

ガゼル

rusa

アメフト
bola sepak Amerika

サイクリング
berbasikal

テニス
tenis

バスケットボール
bola keranjang

水泳
renang

ボクシング
tinju

アイスホッケー
hoki ais

サッカー
bola sepak

バドミントン
badminton

陸上競技
olahraga

ハンドボール
bola baling

スキー
ski

ポロ
polo

跳ぶ
lompat

笑う
ketawa

抱きしめる
peluk

歩く
berjalan

歌う
menyanyi

夢見る
mimpi

祈る
berdoa

キス
cium

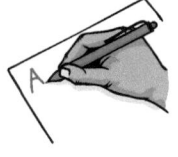

書く
tulis

描く
lukis

示す
tunjuk

押す
tolak

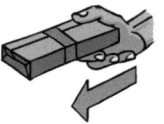

与える
beri

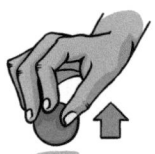

取る
ambil

持っている

ada

する

buat

ある

ialah

立つ

berdiri

走る

lari

引く

tarik

投げる

buang

落ちる

jatuh

横たわっている

tipu

待つ

tunggu

運ぶ

bawa

座る

duduk

着る

pakai

眠る

tidur

目が覚める

bangkit

見る

lihat pada

泣く

menangis

なでる

strok

櫛ですく

sikat

話す

cakap

理解する

faham

質問する

tanya

聞く

dengar

飲む

minum

食べる

makan

片づける

mengemas

愛する

sayang

料理する

masak

運転する

pandu

飛ぶ

terbang

活動 - aktiviti

ヨットに乗る

belayar

計算する

kira

読む

baca

学ぶ

belajar

働く

kerja

結婚する

nikah

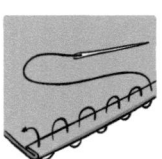

縫う

jahit

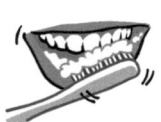

歯を磨く

memberus gigi

殺す

bunuh

喫煙する

asap

送る

hantar

家族

keluarga

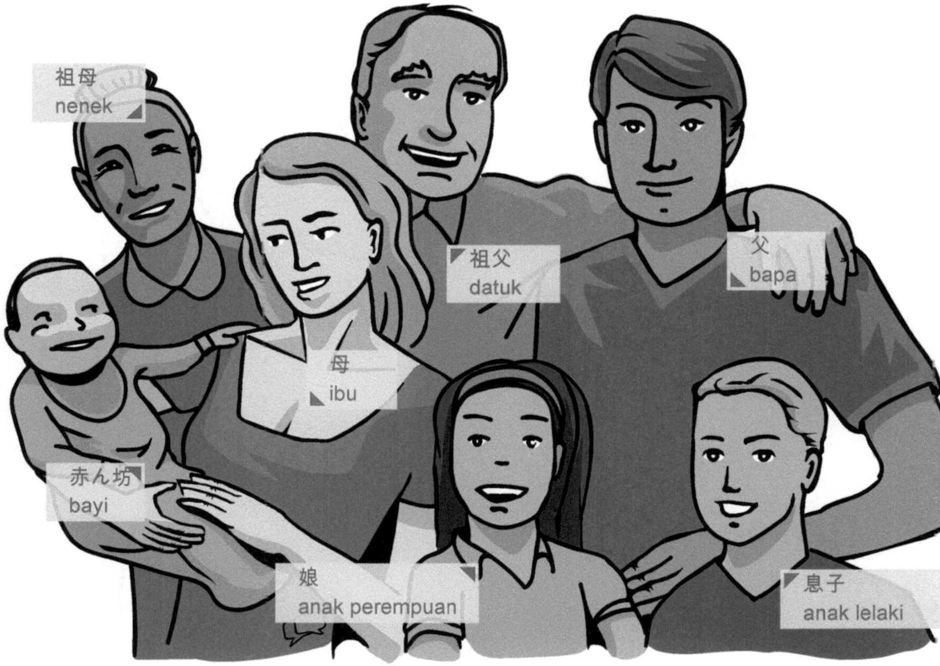

祖母
nenek
祖父
datuk
父
bapa
母
ibu
赤ん坊
bayi
娘
anak perempuan
息子
anak lelaki

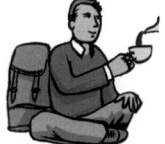

お客様

tetamu

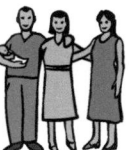

おば

mak cik

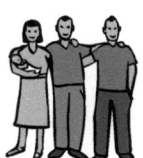

おじ

pak cik

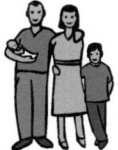

兄弟

abang

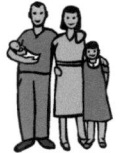

姉妹

kakak

体

badan

ひたい
dahi
目
mata
肩
bahu
指
jari
顔
muka
あご
dagu
手
tangan
脚
kaki
胸
dada
腕
lengan

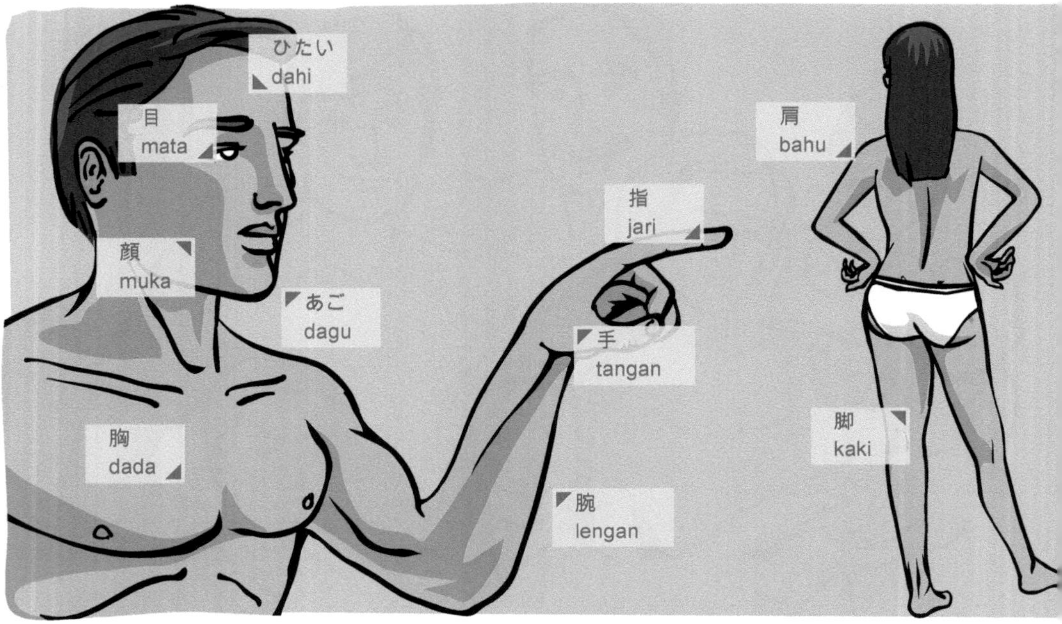

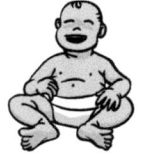

赤ん坊

bayi

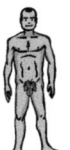

男性

lelaki

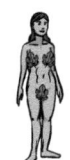

女性

wanita

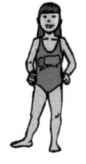

少女

perempuan

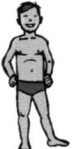

少年

lelaki

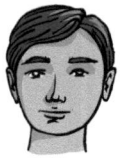

頭

kepala

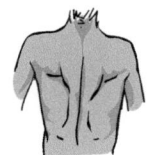

背中
belakang

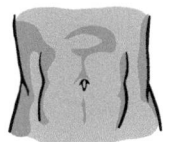

腹
bawah perut

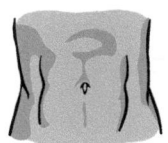

へそ
pusat

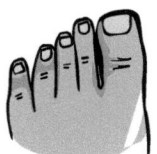

足指
jari kaki

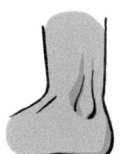

かかと
tumit

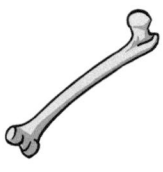

骨
tulang

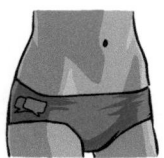

腰
pinggul

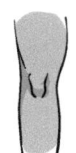

ひざ
lutut

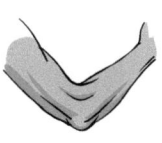

ひじ
siku

鼻
hidung

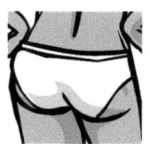

尻
bawah

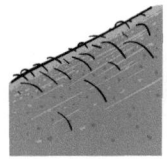

皮膚
kulit

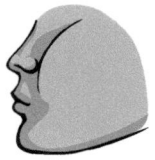

頬
pipi

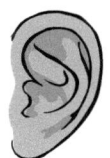

耳
telinga

唇
bibir

体 - badan

口
mulut

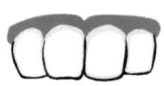

歯
gigi

舌
lidah

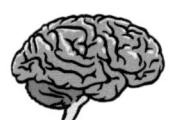

脳
otak

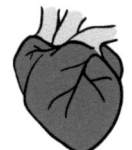

心臓
hati

筋肉
otot

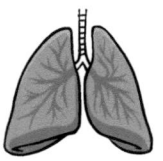

肺
paru-paru

肝臓
hati

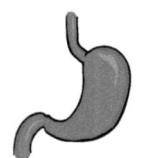

胃
perut

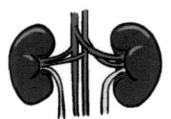

腎臓
buah pinggang

セックス
seks

コンドーム
kondom

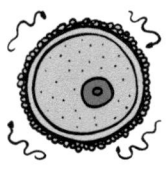

卵細胞
faraj

精液
mani

妊娠
mengandung

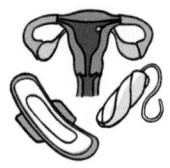

月経

haid

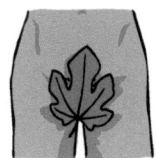

膣

faraj

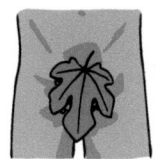

ペニス

penis

眉

kening

髪

rambut

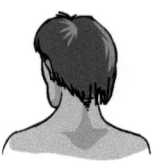

首

leher

病院
hospital

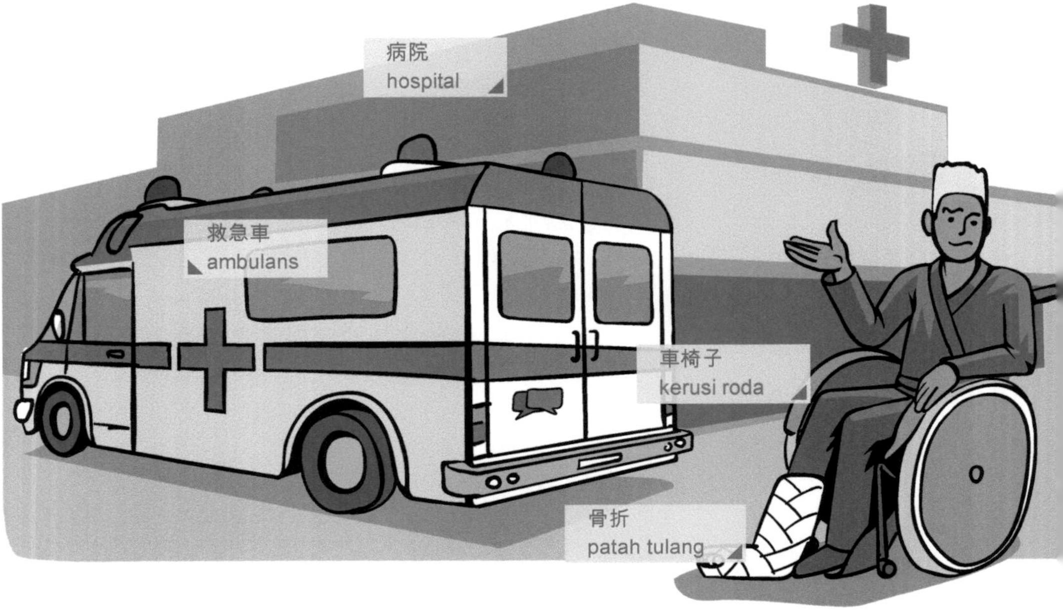

病院
hospital
救急車
ambulans
車椅子
kerusi roda
骨折
patah tulang

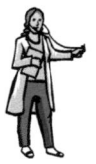

医師

doktor

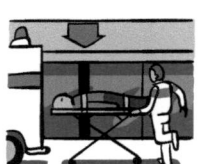

救急治療室

bilik kecemasan

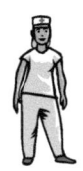

看護師

jururawat

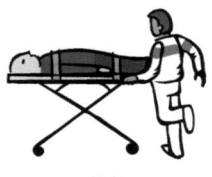

救急

kecemasan

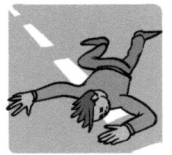

失神

tak sedar

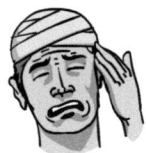

痛み

sakit

けが
kecederaan

出血
pendarahan

心臓発作
serangan jantung

脳卒中
strok

アレルギー
alergi

咳
batuk

熱
demam

インフルエンザ
selesema

下痢
cirit-birit

頭痛
sakit kepala

癌
kanser

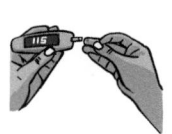

糖尿病
diabetes

外科医
pakar bedah

外科用メス
pisau bedah

手術
pembedahan

CT

CT

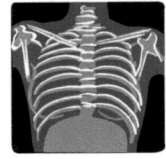

レントゲン

x-ray

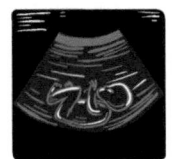

超音波

ultrabunyi

マスク

topeng muka

病気

penyakit

待合室

bilik menunggu

松葉づえ

penongkat

ばんそうこう

plaster

包帯

pembalut

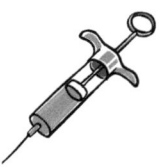

注射

suntikan

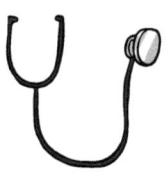

聴診器

stetoskop

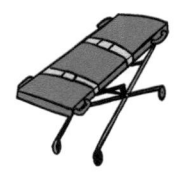

担架

pengusung

体温計

termometer klinik

出産

kelahiran

肥満

berat badan berlebihan

補聴器

alat pendengaran

消毒剤

disinfektan

感染

jangkitan

ウイルス

virus

HIV / エイズ

HIV / AIDS

内服薬

perubatan

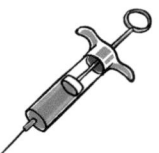

予防接種

vaksinasi

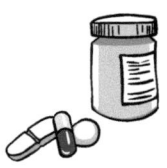

錠剤

tablet

ピル

pil

緊急電話

panggilan kecemasan

血圧計

pantau tekanan darah

病気の ／ 健康な

sakit / sihat

助けて！

Tolong!

アラーム

penggera

暴行

serang

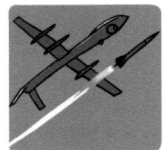

攻撃

serangan

危険

bahaya

非常口

pintu kecemasan

火事だ！

Api!

消火器

alat pemadam api

事故

kemalangan

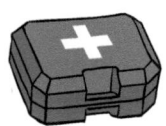

救急箱

alat pertolongan cemas

SOS

SOS

警察

polis

ヨーロッパ

Eropah

北米

Amerika Utara

南米

Amerika Selatan

アフリカ

Afrika

アジア

Asia

オーストラリア

Australia

大西洋

Atlantic

太平洋

Pasifik

インド洋

Lautan Hindi

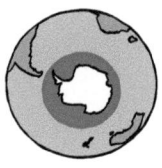

南極海

Lautan Antartik

北極海

Lautan Artik

北極

Kutub utara

南極

Kutub Selatan

南極大陸

Antartika

地球

bumi

陸

tanah

海

laut

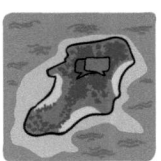

島

pulau

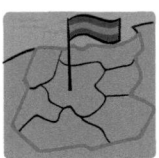

国家

negara

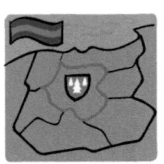

国家

negeri

文字盤

muka jam

短針

tangan jam

長針

tangan minit

秒針

terpakai

何時ですか？

Jam berapa sekarang

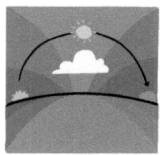

日

hari

時間

masa

現在

sekarang

デジタル時計

jam digital

分

minit

時間

jam

週

minggu

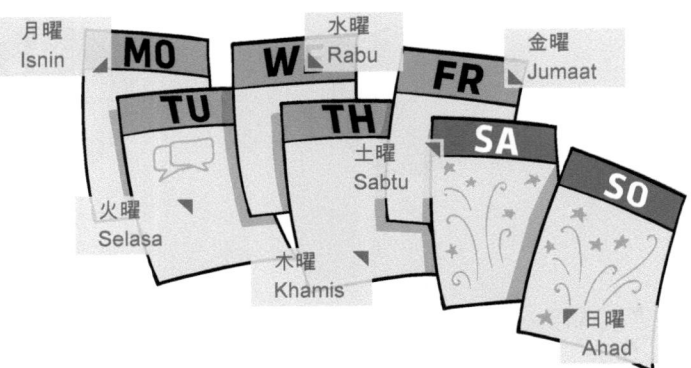

月曜 Isnin

火曜 Selasa

水曜 Rabu

木曜 Khamis

金曜 Jumaat

土曜 Sabtu

日曜 Ahad

昨日
semalam

今日
hari ini

明日
esok

朝
pagi

昼
tengah hari

夜
petang

営業日
hari kerja

週末
hari minggu

年

tahun

雨
hujan
虹
pelangi
風
angin
雪
salji
春
musim bunga
秋
musim luruh
夏
musim panas
冬
musim salji

4.APRIL 11°
5.APRIL 4°
6.APRIL 13°
7.APRIL 8°
8.APRIL 10°

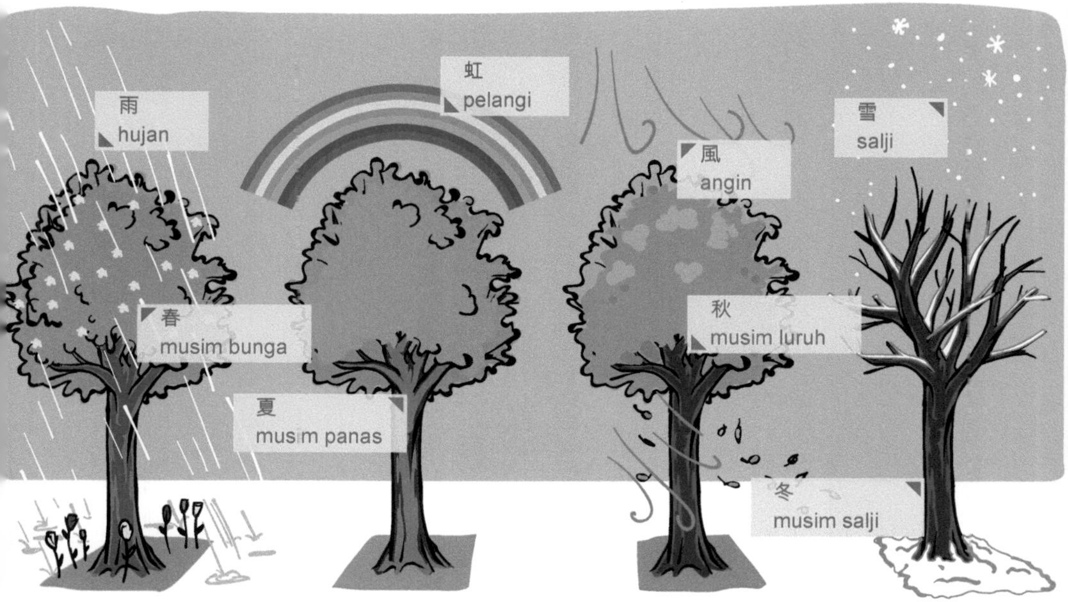

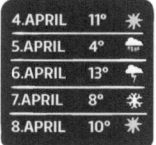

天気予報

ramalan cuaca

F C
120 40
90 30
60 20
30 10
0 0
-30 -10
-20

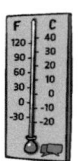

温度計

termometer

日差し

sinar matahari

雲

awan

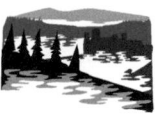

霧

kabus

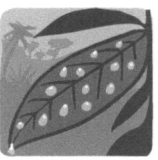

湿度

lembapan

雷
kilat

雷
petir

嵐
ribut

ひょう
hujan batu

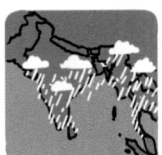

季節風
monsun

洪水
banjir

氷
ais

1月
Januari

2月
Februari

3月
Mac

4月
April

5月
Mei

6月
Jun

7月
Julai

8月
Ogos

年 - tahun

9月
....
September

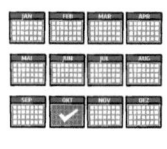

10月
....
Oktober

11月
....
November

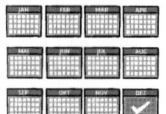

12月
....
Disember

形

bentuk

円
....
bulatan

正方形
....
petak

長方形
....
segi empat tepat

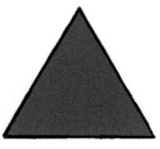

三角
....
segitiga

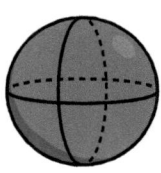

球
....
sfera

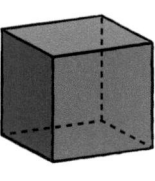

立方体
....
kiub

白

putih

黄

kuning

オレンジ

oren

ピンク

merah jambu

赤

merah

紫

ungu

青

biru

緑

hijau

茶

coklat

灰色

kelabu

黒

hitam

多い / 少ない

banyak / sedikit

怒っている /
落ち着いている
marah / tenang

美しい / 醜い

cantik / hodoh

初め / 終わり

bermula / tamat

大きい / 小さい

besar kecil

明るい / 暗い

terang / gelap

兄弟 / 姉妹

abang / kakak

清潔な / 汚い

bersih / kotor

完全な / 不完全な

lengkap / tidak lengkap

日中 / 夜

hari / malam

死んだ / 生きている

mati / hidup

幅広い / 狭い

luas / sempit

食べられる ／
食べられない
boleh dimakan / tidak boleh
dimakan

悪意のある ／ 親切な
jahat / baik

興奮している ／
退屈じている
teruja / bosan

太った ／ 痩せた
gemuk / kurus

最初に ／ 最後に
pertama / terakhir

友人 ／ 敵
kawan / musuh

いっぱいの ／ 空の
penuh / kosong

硬い ／ 柔らかい
keras / lembut

重い ／ 軽い
berat / ringan

空腹 ／ 喉の渇き
lapar / dahaga

病気の ／ 健康な
sakit / sihat

違法な ／ 合法な
menyalahi undang-undang /
undang-undang

賢い ／ 愚かな
pintar / bodoh

左に ／ 右に
kiri / kanan

近い ／ 遠い
dekat / jauh

新しい ／ 中古の

baru / lama

何もない ／ 何かある

tiada / sesuatu

老いた ／ 若い

tua / muda

オン ／ オフ

hidup / mati

開いている ／
閉まっている

terbuka / tertutup

静かな ／ うるさい

diam / bising

裕福な ／ 貧乏な

kaya / miskin

正しい ／ 間違っている

betul / salah

粗い ／ なめらか

kasar / halus

悲しい ／ 幸せな

sedih / gembira

短い ／ 長い

pendek / panjang

ゆっくり ／ 速い

lambat / laju

濡れた ／ 乾いた

basah / kering

温かい ／ 冷たい

panas / sejuk

戦争 ／ 平和

berperang / berdamai

反対 - berlawanan

0

ゼロ

sifar

1

1

satu

2

2

dua

3

3

tiga

4

4

empat

5

5

lima

6

6

enam

7

7

tujuh

8

8

lapan

9

9

sembilan

10

10

sepuluh

11

11

sebelas

12

12
....
dua belas

13

13
....
tiga belas

14

14
....
empat belas

15

15
....
lima belas

16

16
....
enam belas

17

17
....
tujuh belas

18

18
....
lapan belas

19

19
....
Sembilan belas

20

20
....
dua puluh

100

100
....
ratus

1.000

1000
....
ribu

1.000.000

100万
....
juta

言語

bahasa-bahasa

英語
Bahasa Inggeris

アメリカ英語
Bahasa Inggeris Amerika

中国標準語
Bahasa Cina Mandarin

ヒンディー語
Bahasa Hindi

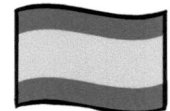

スペイン語
Bahasa Sepanyol

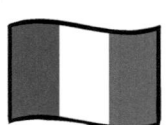

フランス語
Bahasa Perancis

アラビア語
Bahasa Arab

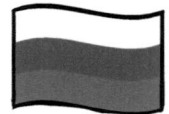

ロシア語
Bahasa Rusia

ポルトガル語
Bahasa Portugis

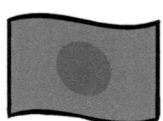

ベンガル語
Bahasa Benggali

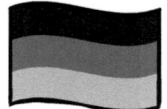

ドイツ語
Bahasa Jerman

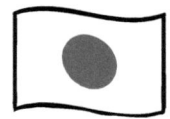

日本語
Bahasa Jepun

私
saya

あなた
anda

彼 / 彼女 / それ
dia / dia / ia

私たち
kita

あなたたち
anda

彼ら
mereka

誰？
siapa?

何？
apa?

どうやって？
bagaimana?

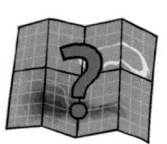

どこ？
di mana?

いつ？
bila?

名前
nama

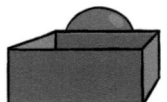

後ろ

belakang

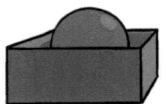

中

dalam

前

di hadapan

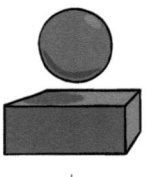

上

lebih

上

pada

下

di bawah

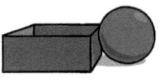

横

bersebelahan

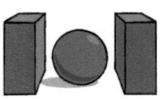

間

antara

場所

tempat